LES DEUX MATRONES, OU LES INFIDÉLITÉS DÉMASQUÉES.

PREMIERE PARTIE.

Se vend 15 S.^s chez Buchet Libraire a Nismes

LES DEUX MATRONES OU LES INFIDÉLITÉS DÉMASQUÉES.

OUVRAGE POSTHUME

DE M. FRERON,

Enrichi de Notes curieuſes & intéreſſantes ; avec figures.

PREMIERE PARTIE.

Prix, 3 livres 12 ſols broché.

A PARIS,

AU TEMPLE DE LA VÉRITÉ.

M. DCC. LXXVI.

AVIS

DE L'ÉDITEUR.

LA ſatyre de Pétrone contre les femmes eſt un de ces morceaux dont la délicateſſe décide notre admiration pour les Ouvrages des Anciens. L'heureux choix des ſituations & des penſées, la richeſſe de l'invention, les circonſtances adroitement ménagées, l'intrigue finement amenée & ſoutenue avec art d'un bout à l'autre, ont fait de la Matrone d'Éphèſe un chef-d'œuvre de goût, d'imagination & d'éloquence. Ce conte a été traduit en plusieurs langues, & a dû perdre par-là une partie des graces qui sont dans l'original.

Nous n'en avions d'autre traduction en François que celle qui fut faite par un bel esprit du siècle passé; traduction d'un style rempli d'agrémens à la vérité, mais dont les expressions ont vieilli & blesseroient infailliblement l'oreille de nos doucereux petits-maîtres. Un célèbre Aristarque connu par l'exactitude & la justesse de sa critique, faisoit ses délices de cet Ouvrage. Charmé des beautés qu'il y trouvoit, il s'étoit proposé d'en donner une nouvelle Édition moins rude & plus correcte ; mais la mort vient de l'enlever à la littérature & à ses ennemis. Nous nous sommes empressés de recouvrer son manuscrit, persuadés que nous rendrions un service important au Public, & qu'il nous sauroit gré de nos soins.

LES notes qui l'accompagnent le rendent infiniment précieux & y répandent le plus vif intérêt. Ce sont des réflexions analogues aux sentimens de l'Auteur, ou qui en développent toute la finesse. Quelquefois on y remarque la critique la plus judicieuſe à côté des citations ſavantes & profondes qui enchériſſent ſur l'Ouvrage même.

POUR ſuivre entièrement le projet du Traducteur, nous avons joint à la Matrone d'Éphèſe un conte chinois qu'il avoit auſſi traduit du Pere Duhalde, & inſéré, il y a pluſieurs années, dans ſon Journal étranger. Le mérite de celui-ci n'eſt point éclipſé par ce qu'on a relevé de l'autre. Ils ont d'intimes rapports entr'eux : c'eſt le même fond du tableau, même coloris. Les circonſtances ſont peut-être encore plus heureuſes dans Thouang-Tse que dans la ſatyre de Pétrone : il y a plus de beautés de détail ; le dénouement y paroîtra aux connoiſſeurs mieux concerté & plus ingénieuſement conduit. La Veuve Ephéſienne n'eſt qu'inconſtante, ou ſi l'on veut infidelle aux manes de ſon Epoux par la néceſſité d'un événement imprévu ; mais la Veuve Chinoiſe va plus loin : elle ajoute à la légéreté de ſon ſexe des ſentimens de férocité qui lui furent toujours étrangers. C'eſt elle qui précipite ſa défaite , qui va au devant de ſon vainqueur , & qui le force à devenir le complice de ſon parjure.

Nous n'entendons point du reste nous déchaîner contre un sexe aussi aimable qu'il est inconséquent. Toujours l'objet de nos déclamations & en même-temps de nos adorations, nous sommes cet amant dont parle Ovide, qui crie sans cesse contre sa maîtresse & qui ne peut vivre sans elle.

Nec tecum possum vivere, nec sine te.

Les femmes se consolent aisément des sarcasmes & des brocards qu'évapore contr'elles la bile de quelques Philosophes chagrins, par l'hommage public des hommes galans & polis. La ſatyre de Boileau eſt dans la bouche de tout le monde : les femmes n'ont pas pour cela rien perdu de leur empire. Du temps de Simonide , ce Poëte , ami des Dieux & l'ennemi mortel du beau ſexe ; dans le ſiècle même de Juvenal qui diſtilla ſur lui tout le fiel de ſa plume , il fut toujours au deſſus de la calomnie , & l'on vit les Philoſophes les plus diſtingués venir dépoſer à ſes pieds l'orgueil de leur ſageſſe & les vaines maximes de leur morale. Aſpaſie donna longtemps des chaînes au vertueux Socrate ; la fameuſe Laïs humanisa plusieurs hommes célèbres de son siècle, & les ours du nôtre, quoi qu'ils disent, ne résistent guère aux charmes d'un joli minois. Il en faut si peu pour détraquer la cervelle la plus méthodique & la plus remplie d'apophthegmes. Le sage aime à se dérider de temps en temps, & comme a dit un de nos Poëtes :

> Un bon quart d'heure de folie
> Vaut plus qu'un siècle de raison.

LES DEUX MATRONES, OU LES INFIDÉLITÉS DÉMASQUÉES.

CE n'eſt pas la perte d'un mari qui inquiète une jeune femme, c'eſt la crainte de vivre ſans époux qui l'alarme. Le veuvage eſt alors une idée qu'on ne peut ſoutenir ſans horreur, & la mort de celui qu'elle regrette eſt bien plutôt le prétexte que la véritable cauſe de ſes larmes. Qu'un homme officieux ſe préſente pour les ſécher, ce tendre Conſolateur verra bientôt rallumer pour lui le flambeau de l'hymen, qui vient à peine de s'éteindre. Témoin l'hiſtoire de la Matrone d'Éphèſe.

Il y avoit, dit Pétrone, dans la ville d'Éphèſe une Dame dont toute la Grèce admiroit la vertu comme la beauté. Le Ciel lui avoit donné un époux digne d'elle : ils s'aimoient, & cet amour les rendoit heureux. Mais leur bonheur ne fut pas de longue durée, & la mort de cet époux ſuſpendit le cours d'une félicité que tout le monde regardoit avec envie.

La douleur qu'elle reſſentit de cette perte, fut auſſi vive, que les marques en furent extraordinaires. Elle ne ſe contenta pas d'aſſiſter, ſelon l'uſage, à la pompe funèbre de ſon mari ; on la vit fondant en larmes, s'arracher les cheveux, déchirer ſes habits, & exciter dans l'ame de ceux qui accompagnoient le convoi, la pitié la plus attendriſſante (*a*). Elle voulut encore faire embau-

(*a*) Il faut ſe méfier des larmes d'une femme : elles anmer le corps du défunt, le mettre dans un cercueil, & comme ſi la mort n'a-voit pas eu le pouvoir de les ſéparer; elle s'enferma avec lui dans le tombeau, déterminée à pleurer nuit & jour, & à ne plus quitter les reſtes inanimés de ſon époux *(a)*.

---

noncent toujours une douleur légère, ou plutôt ce ſont des grimaces qu'autoriſe la Coutume. Une femme veut ſe rendre recommandable par ſa ſenſibilité, & à la faveur de la tendreſſe qu'elle témoigne pour le défunt, faire naître dans le cœur d'un autre le déſir de le remplacer.

(*a*) C'eſt ainſi qu'en uſoient les femmes Indiennes. Ou elles ſe jetoient dans le bucher deſtiné à bruler le corps de leur mari, ou bien elles s'enfermoient dans la même tombe. C'étoit pour elles un triomphe, & on les voyoit courir à la mort avec une gayeté, un courage qui les rendoit admirables.

Artemiſe, femme de Mauſole, Roi de Carie, fit conſtruire un ſuperbe tombeau pour ſon mari, & s'y enferma enſuite avec lui pour y mourir.

Aria, femme de Pœtus, ne voulut point ſurvivre à ſon époux condamné à mort, & pour lui donner l'exemple du courage, elle commença par ſe percer le ſein, & lui remit enſuite le poignard dont elle s'étoit ſervi. Exemples de fidélité conjugale d'autant plus recommandables, qu'ils ſont rares. Car, comme dit » Montaigne,

Sa famille & ſes amis firent de vains efforts pour l'arracher de ce ſéjour : l'autorité même des Magiſtrats fut inutile ,

---

» au chap. des trois bonnes femmes, il n'en eſt pas à » douzaines, comme chacun ſait, & notamment aux devoirs du mariage. . . Les femmes réſervent plus communément à étaler leurs bons offices, & la véhémence » de leur affection envers leurs maris perdus, cherchant » au moins lors à donner témoignage de leur bonne volonté. Tardif témoignage & hors de ſaiſon : elles prouvent par là qu'elles ne les aiment que morts. La vie » eſt pleine de combuſtion, le trépas d'amour & de » courtoiſie. Comme les Pères cachent l'affection envers » leurs enfans, elles volontiers de même, cachent la leur » envers leur mari, pour maintenir un honnête reſpect. » Ce myſtère n'eſt pas de mon goût. Elles ont beau s'écheveler & s'égratigner : je m'en vais à l'oreille d'une » Femme-de-Chambre, d'un Secrétaire: comment étoient-ils, comment ont-ils vécu enſemble ? il me ſouvient » toujours de ce beau mot, *Jactantiùs mærent quæ minùs dolent*. Leur rechigner eſt odieux aux vivans, & vain aux » morts. Nous diſpenſerons volontiers qu'on rie après, » pourvu qu'on nous rie pendant la vie. Eſt-ce pas de » quoi reſſuſciter de dépit qui m'aura craché au nez pendant que j'étois, me vienne frotter les pieds quand je » ne ſuis plus ? Auſſi ne regardez pas à ces yeux moites » & à cette piteuſe voix ; regardez ce port, ce teint & » l'embonpoint de ces joues ſous ces grands voiles : c'eſt » là qu'elle parle Français. »

&

& n'ayant pu la détourner d'une réſolution ſi cruelle, ils l'abandonnerent à ſon déſeſpoir. Ainſi cette Dame devint mille fois plus célèbre par l'excès de ſa douleur qu'elle ne l'avoit été juſques-là par l'éclat de ſa vertu, & par les charmes de ſa beauté.

Elle avoit déjà paſſé deux jours ſans prendre aucune nourriture, (*a*) n'ayant pour toute compagnie qu'une femme affectionnée qui partageoit les larmes de ſa maîtreſſe, & qui prenoit le ſoin d'entretenir la lumière qui les éclairoit dans l'obſcurité de ce ſépulcre. On ne parloit d'autre choſe dans la ville d'Ephèſe, & chacun béniſſant la mémoire de ſon ma-

(*a*) Certains peuples de l'Orient ont conſervé la coutume d'enterrer les femmes vivantes dans la tombe du mari; mais on leur permet d'y porter quelques proviſions, comme du pain & de l'eau. Cette précaution tient plus de la barbarie que de l'humanité. La vie que l'on traîne & que l'on prolonge par ce moyen dans ces caveaux, eſt une mort continuelle dont le ſpectacle ſe renouvelle à chaque inſtant. C'eſt un vautour qui ſe nourrit ſans ceſſe de ſa douleur.

ri, la propofoit à fa femme comme un modèle d'amour & de fidélité conjugale. (*a*)

Dans ce même temps le Gouverneur de la Province avoit fait pendre quelques voleurs tout auprès du lieu où la vertueufe Dame fe confumoit en regret fur le cercueil de fon époux. Le Soldat prépofé pour les garder pendant la nuit, afin qu'ils ne fuffent enlevés, apperçut la lumière qui s'échappoit du tombeau,

---

(*a*) *Rara avis in terris*! C'eft un Phénix qu'une femme fidelle. Montaigne en a connu cependant trois, & Boileau en comptoit un pareil nombre. *Il en eft jufqu'à trois que je pourrois nommer.* Il le difoit ainfi fans conféquence : il n'auroit pas juré. Pénélope ne réfifta que parce que fes amans ne s'entendoient pas, & leurs divifions firent feules toute fa vertu. S'il n'y en avoit eu qu'un, affurément fa conftance en auroit triomphé.

Penelopem ipfam, perftes modò tempore vinces,
Capta vides ferò pergama, capta tamen.

Lucrèce, que l'ancienne Rome a tant célébrée, ne fe tua qu'après avoir fuccombé à fa foibleffe. Il eut été plus fage de la prévenir : mais elle ne mourut que pour fe dérober à la honte.

il crut entendre en même-temps les plaintes d'une perſonne affligée : & ſoit par curioſité, ſoit par humanité, il s'avança, & entendant redoubler les mêmes plaintes, il deſcendit enfin dans le ſépulcre pour s'éclaircir de la vérité.

Au bruit qu'il fit en entrant, cette Dame déſolée, dont les yeux étoient collés ſur le cadavre de ſon époux, ne pût s'empêcher de les tourner vers cet inconnu. Si malgré ſa douleur, elle fut ſurpriſe de le voir, le Soldat ne fut pas moins étonné d'un ſpectacle ſi lugubre ; & ſes yeux trompés avoient peine à ne pas croire que ce fût une illuſion ; & tous ces corps qu'il voyoit, autant de Fantômes.

A ſon étonnement, ſuccéda néanmoins bientôt la compaſſion (*a*). Les

(*a*) On s'intéreſſe volontiers au ſort d'une jolie femme : Les larmes de la beauté ſur-tout nous remuent vivement : tant il eſt vrai qu'elle nous ſéduit toujours, parce qu'elle a de plus perfide ! *Lacrymiſne crede puellæ.*

plaintes de l'Éphésienne lui firent enfin comprendre le sujet de son affliction. Il remarqua sur le visage abattu de la Dame, des charmes que la douleur n'avoit point encore entièrement flétris ; & comme l'amour s'insinue aisément dans les cœurs par la pitié *(a)*, il la plaignit, & l'aima presque en un moment. Et pour conserver ce qu'il aimoit, il fut chercher quelque nourriture qu'il porta aussitôt dans le tombeau.

Alors, il n'oublia rien pour appaiser sa douleur, & la détourner de sa résolution. Il lui dit que la mort étoit le terme de tous les hommes (*b*) ; que c'é-

---

(*a*) Le pas en effet est glissant. Les ames sensibles ne le sont jamais à demi : le malheureux intéressant, le cœur s'attendrit ; & disposé alors à recevoir toutes les impressions, il est bien mal aisé de voir pleurer deux beaux yeux, sans désirer en même-temps d'en essuyer les larmes.

(*b*) *Omnibus una manet nox.* Cette pensée est moins triste pour une femme, & plus supportable que la vieillesse de son mari. Un mari meurt : on s'en console dans les bras d'un autre : on s'étoit déjà bien apperçu qu'il n'étoit

toit un destin inévitable qu'il falloit prévoir sans murmure, & soutenir avec courage, que tous les regrets qu'on donnoit aux morts étoient inutiles. Il se servit de toutes les raisons qu'on emploie d'ordinaire pour adoucir de pareilles afflictions. Mais la Dame, au lieu d'écouter le Consolateur, redoubloit de gémissemens, se meurtrissoit le sein avec une nouvelle fureur, & s'arrachoit les cheveux qu'elle jetoit sur le corps de son cher époux, comme de nouveaux

---

pas immortel ! d'ailleurs, comme a dit un de nos Poëtes,

> Le plaisir le plus grand qu'on trouve au mariage,
> Ne vient que de l'espoir qu'on conçoit du veuvage.

mais un mari vieux ! quel être fâcheux & incommode pour une femme ! Dans ce siècle pervers on ne rajeunit plus, & on ne voit guères de Tithon parsemer de roses du printemps la couche de l'insatiable Aurore.

> *Frigidus in venerem senior, frustràque laborem,*
> *Ingratum trahit. . . . . . .*

VIRG.

ſacrifices de ſa tendreſſe & de ſon déſeſpoir (*a*).

Le Soldat ne ſe rebuta point, & perſuadé qu'il parviendroit à convaincre plus aiſément la Maîtreſſe par l'exemple de ſa Suivante, il eſſaya de ramener celle-ci par toutes ſortes de moyens (*b*).

(*a*) Ce redoublement de douleur en annonçoit le terme, & ne pouvoit être de durée. La conſolation opéroit: & comme la lumière, qui ſur le point de s'éteindre, jete une plus grande clarté, de même l'affliction expirante de la Matrone, faiſoit un dernier effort, & n'attendoit plus qu'une nouvelle ſecouſſe pour être entièrement perſuadée.

(*b*) C'eſt là ce que recommande l'élégant Ovide. Une Suivante a beaucoup d'empire ſur ſa Maîtreſſe, & l'habitude lui fait mieux connoître les moyens qui ſont impreſſion ſur ſon eſprit. Elle peut rendre de bons offices à un Amant, par le choix des circonſtances qu'elle lui indique, & dont elle-même fait uſage pour le ſervir.

Sed priùs ancillam capta noſſe puellæ
Cura ſit: acceſſus molliet ipſa tuos.
Proxima conſiliis Dominæ ſit ut illa videto,
Neve parùm tacitis conſcia fida jocis.
Hanc tu pollicitis, hanc tu corrumpe rogando:
Quod petis, ex facili, ſi volet illa, feres.

De Arte am. lib. 1.

Comme ſa douleur étoit moins forte, & qu'elle n'étoit pas entièrement déterminée à mourir de faim, elle ne pût réſiſter plus long-temps au beſoin preſſant qu'elle avoit de manger, & à la vue des viandes qui la tentoient encore davantage. Alors elle ſe laiſſa gagner, & ſurmontant un reſte de pudeur qu'elle avoit d'être plus foible que ſa Maîtreſſe (*a*), elle tendit la main aux ſecours généreux du Soldat.

Dès qu'elle eut repris quelque vigueur par un peu de nourriture, elle ſe mit à combattre elle-même la douleur de ſa Dame par toutes les raiſons que ſon amitié ou l'envie de ſortir de ce lieu ſi triſte purent lui inſpirer. Que vous ſer-

---

(*a*) On a raiſon de dire que la vanité & la fauſſe gloire font plus de victimes & de martyrs que le ſentiment & le patriotiſme. Ni la Matrone, ni ſa Suivante n'avoient pas bien réfléchi ſur les ſuites de leur folie. Engagées dans un rôle pénible, elles n'oſoient plus le quitter ni revenir ſur leurs pas. Il falloit ſoutenir juſqu'au bout ce courage dont elles n'avoient pas prévu le danger.

vira, lui disoit-elle, de finir vos jours dans ce tombeau, & de rendre ici aux dieux une ame qu'ils ne vous demandent point encore ? A quoi bon tous ces coups dont vous vous meurtrissez le corps ? Croyez-vous que votre désespoir, vos larmes & votre excessive douleur changent l'Arrêt de la destinée, & vous rendent celui que vous pleurez ? Détrompez-vous, & puisque vous ne pouvez le rappeller à la vie, vivez du moins vous-même, & prenez un peu de nourriture. Vous faites, il est vrai, une perte sensible ; mais après tout, elle n'est pas irréparable (*a*), & pour peu que vous épargnez vos charmes, ils vous procureront bientôt un nouvel époux.

Si celui qui vient de vous être enlevé étoit à votre place, de bonne foi pen-

---

(*a*) Cette Suivante connoissoit bien l'endroit foible de son sexe. Ce n'est pas par l'apothéose du défunt qu'elle cherche à consoler sa Maîtresse ; mais par l'espoir d'un nouveau mari. C'étoit parler d'or & aller au but.

ſez-vous qu'il fût aſſez ſot pour faire toutes ces folies ? On n'a jamais vu d'homme s'enterrer tout vivant après la mort de ſa femme. Croyez-moi, défaites-vous d'une foibleſſe injurieuſe à notre ſexe (*a*), & jouiſſez des avantages de la lumière que les dieux vous accordent encore. Ce corps que vous arroſez de vos larmes, n'eſt plus bon qu'à vous apprendre quel eſt le prix & la briéveté de la vie, & combien vous devez la ménager.

(*a*) Ç'en eſt une en effet que d'aimer ſon mari, & qui, dans notre ſiècle, rendroit une femme ridicule. Ce ſeroit même une groſſièreté dans l'époux que de l'exiger, & qui le rendroit la fable du Public.

Ruſticus eſt nimiùm, quem lædit adultera conjux ;
Et notos mores non ſatis urbis habet.
Quid tibi formoſa ſi non niſi caſta, placebat ?
Non poſſunt ullis iſta coïre modis.
Si ſapis, indulge Dominæ, vultuſque ſeveros.
Exue nec rigidi jura tuere viri.
Et cole quos dederit : multos dabit uxor amicos
Gratia ſic minimo magna labore venit.

Ovid. lib. 3. am. El. 4.

La faim & le désir naturel de se conserver, sont de puissans séducteurs en pareille occasion (*a*). Les personnes les plus désespérées ont peine à ne pas écouter ceux qui leur conseillent de vivre : il ne faut donc pas trouver étrange que cette femme qui paroissoit si déterminée à mourir, cédât à l'éloquence & à l'exemple de sa Suivante.

Le Soldat officieux voyant qu'il l'avoit convaincue sur une chose qui lui paroissoit si difficile, porta ses désirs plus loin, & comme l'amour nous fait imaginer de la facilité dans tout ce qu'il nous fait désirer, il crut éprouver encore moins de résistance dans la vertu de cette belle affligée, qu'il n'en avoit trouvé dans son désespoir.

(*a*) La faim n'est donc pas toujours une mauvaise conseillère, & le Poëte n'a pas eu tout-à-fait raison de dire, *male suada fames ?*

Cependant le besoin de vivre, l'indigence, sont la cause de bien de maux. Combien de Pénélope, qu'une dure nécessité a transformées en Laïs ?

Quid non turpia cogit egestas !

Pour y réussir, il lui dit tout ce que les premiers feux d'une passion, aidée d'un grand espoir & d'une occasion favorable, peuvent inspirer de plus touchant. Le jeune-homme ne paroissoit à la prude, ni désagréable de sa personne, ni sans esprit (*a*). Elle commençoit à remarquer qu'il faisoit toutes choses avec grace, & qu'il n'étoit pas incapable de persuader. Déjà cette sympathie secrète, qui fait plus souvent & plutôt que l'estime, la première liaison des cœurs (*b*), agissoit avec tant de force

(*a*) Les femmes ont un goût naturel pour les gens d'épée. *Ferrum amant*, dit Juvenal. Il ne faut donc pas s'étonner si la Matrone céda au Soldat, qui la sollicitoit avec tant d'instance, & qui promettoit beaucoup plus de vigueur que son défunt époux.

(*b*) Elle en fait très-souvent aussi le malheur. Cette sympathie, dont la cause est inexplicable, qui pousse un être vers l'autre, est un sentiment qui tyrannise l'ame, & produit des effets mille fois plus funestes que l'amour. L'un léger d'ordinaire, dépendant du caprice qui le fait naître, est une espèce de fièvre qui a ses accès & ses intervalles, & dont la durée n'est souvent que momentanée. Mais la ſur le ſien, qu'elle acheva de ſe rendre aux conſeils de la Suivante, qui n'oublioit rien pour témoigner ſa reconnoiſſance à leur commun bienfaicteur.

Pouvez-vous faire moins, lui diſoit-elle, en faveur de celui qui vous a ſauvé la vie, que de répondre à ſon amour? Puiſque vous trouvez en lui de quoi vous conſoler avec avantage de la perte que vous avez faite, oubliez, ſi vous me croyez, dans la douceur d'un nouvel hymen, les reſtes de votre douleur.

C'eſt trop long-temps pouſſer d'inutiles ſoupirs.
Ne vous oppoſez point à ſes juſtes déſirs :
La nature vous dit qu'il eſt doux de les ſuivre ;
Ce n'eſt pas aſſez que de vivre :
Il faut vivre pour les plaiſirs (*a*).

ſympathie agit en deſpote : c'eſt un ſentiment tendre qui, en inſpirant une douce langueur, un vif intérêt, nous attache malgré nous à l'objet vers lequel elle nous entraîne, nous y ramène ſans ceſſe, & nous fait regarder comme cruel l'inſtant qui nous en éloigne.

(*a*) Cette morale eſt ſéduiſante, & le ſentiment en eſt dans la nature. C'eſt en faiſant violence à ſes douces

La Suivante appuyoit ces conseils avec tant de force, qu'il est facile de penser qu'elle les auroit pris volontiers pour elle-même. La Dame n'y résista pas: tant il est vrai, qu'une confidente gagnée, est d'un grand secours pour un Amant ! Le moyen après tout que cette femme abattue par une si longue abstinence & par l'excès de sa douleur eut pu se défendre contre un Soldat entreprenant & passionné ! (*a*)

Ils demeurerent ensemble non-seule-

---

impulsions, en enchaînant son cœur sous les préjugés, & les délires métaphysiques que nous passons dans l'infortune & dans l'obsession, des jours qui furent donnés à l'homme pour être heureux. Ce que nous appellons société, n'est qu'un palliatif qui nous dérobe pour quelques instans la comtemplation de nos misères ; mais le bonheur n'est que dans la jouissance de sa liberté, & l'espèce des sauvages qui connoîtroit l'humanité, seroit sans doute la plus heureuse.

(*a*) De la reconnoissance à l'amour il n'y a pas loin. La Matrone étoit d'ailleurs excusable : avoir à résister à une Suivante éloquente, à un Soldat pressant & aimable, & plus que tout cela, à la force de l'amour, ç'eut été un prodige au dessus du cœur d'une femme.

ment la première nuit d'une aventure ſi ſingulière, mais encore le lendemain & le jour d'après, les portes du tombeau ſi bien fermés que quiconque y fût venu auroit penſé ſans doute que la Dame étoit morte de déſeſpoir ſur le corps de ſon mari. (*a*)

Que vouliez-vous qu'il fit contre trois ?...

Cela rappelle ce fameux quatrain

Iris s'eſt rendue à ma foi :
Vaine eut été ſa réſiſtance.
Nous n'étions que nous trois, elle, l'amour & moi ;
Et *l'Amour* fut d'intelligence.

Telle fut l'excuſe d'Ariane vaincue par Bacchus,

Implicitamque ſinu, neque enim pugnare valebat,
Abſtulit, ùt facile eſt. .....

(*a*) On accuſera peut-être Petrone d'avoir manqué aux bienſéances & d'avoir laiſſé la Suivante dans le caveau pour être témoin des plaiſirs de ſa Maîtreſſe ſans les partager. Il auroit été ſans doute plus prudent pour celle-ci de l'avoir éloignée ; mais, après tout, le Soldat étoit jeune & vigoureux ; en permettant qu'il donnât quelque choſe à la reconnoiſſance, la Matrone n'y perdoit pas beaucoup, & elle ne pouvoit trouver mauvais qu'il ſuivit le précepte du Poëte :

Fac dominæ potiare priùs, comes illa ſequetur ;
Non tibi ab ancilla eſt incipienda Venus...
Hæc dominæ munus temperat illa ſibi.

Le Soldat enivré des charmes de ſa maîtreſſe & du ſecret de ſa bonne fortune, alloit pendant le jour acheter de quoi lui faire faire bonne chere & portoit ſes proviſions dans la tombe, lorſque la nuit étoit venue. (*a*) Cependant les parens d'un de ces voleurs qu'on avoit pendu, s'étant apperçu qu'il n'y avoit plus de ſentinelle enleverent le corps & lui rendirent les derniers devoirs. Le Soldat ayant vu le lendemain que l'une des potences étoit dégarnie,

---

(*a*) Car telle eſt la condition de cette miſérable humanité que l'ame ne peut ſe ſuffire à elle-même. Il faut vivre & comme a dit Madame Deshoulieres.

L'amour languit ſans Bacchus & Cérès, un peu de nourriture ranime la chaleur des eſprits épuiſés & leur communique de nouvelles forces.

Du lit d'amour ils vont droit à la table;
Un déjeuné reſtaurant, délectable
Rend à leurs ſens leur première vigueur.

Volt. dans la Puc.

Il faut pourtant convenir que c'eſt un ſéjour bien triſte pour aimer que celui d'un ſépulcre! Mais la paſſion n'écoute rien, & comme on dit en proverbe : *ventre affamé n'a point d'oreilles.*

revint auprès de sa Maîtresse tout effrayé de la crainte du châtiment qu'il avoit mérité, & lui raconta son malheur.

Il n'y alloit pas moins que de sa vie. Le Gouverneur de la Province étoit sévère. ce Soldat désespéroit de sa grace & ne vouloit point attendre sa condamnation. Il étoit donc résolu de se tuer pour éviter la honte du supplice : rien ne pouvoit le détourner de cette pensée, & sans doute une mort violente alloit ravir à cette belle le second objet de son amour. Déjà ce malheureux Amant la supplioit d'avoir soin de sa sépulture, & de le mettre dans ce même tombeau qui devoit lui être commun avec son époux. Il étoit enfin sur le point d'exécuter un si funeste dessein, lorsque la Dame qui durant ce discours n'avoit songé qu'aux moyens d'empêcher sa mort, arrêta tout-à-coup l'effet de son désespoir.

Aux dieux ne plaise, s'écria-t-elle, que

que je ſois reduite à regretter en même-temps la perte de deux perſonnes qui me ſont ſi chères, puiſque je puis m'en garantir. Il eſt juſte que ce qui me reſte de mon époux ſerve à me conſerver mon Amant. J'aime encore mieux voir pendre le mort, que de voir périr le vivant.

A ces mots, le Soldat tranſporté de joie ſe jete aux pieds de ſa Maîtreſſe, & ravi d'un conſeil ſi ingénieux, (*a*) il avoue que ſon amour & ſes ſervices ſont trop heureuſement récompenſés. Après cela ils ſe mirent tous trois en devoir d'exhumer le cadavre : le Soldat le chargea ſur ſes épaules, & fit ſi bien qu'il l'attacha à la potence d'où l'on avoit enlevé le pendu.

(*a*) Les femmes ſont plus ſubtiles & mille fois plus ingénieuſes que les hommes. Il n'eſt pas de mauvais pas d'où elles ne ſe tirent, & d'où elles ne tirent un Amant.

Invenit ipſa viam mulier quam pandat amanti.

Dit Cornazanus.

Le lendemain, deux amis du mort s'intéressant au ſort de ſa vertueuſe femme, (*a*) s'acheminerent vers le tombeau. Ils s'entretenoient en chemin des louanges que méritoit une fidélité ſi rare, (*b*)

(*a*) Ce ſeroit bien le cas de dire, *heu! quàm mutatus ab illo!* elle étoit furieuſement changée. N'eſt-ce pas ici que s'applique encore ce bon mot de la fameuſe Ninon de l'Enclos qui devoit ſi bien connoître ſon ſexe, lorſqu'elle diſoit que *la vertu des femmes dépendoit des circonſtances.*

(*b*) *Nomen inane fides!* dit Ovide, & comme a traduit plus ingénieuſement un Poëte du ſiècle dernier.

La conſtance & la foi ne ſont que de vains noms
Dont les laides & les barbons
Tachent d'embarraſſer la jeuneſſe crédule.

Pourquoi ſécher, en effet, d'amour pour une ombre qui n'eſt plus ſenſible à vos ſoupirs? Les femmes peuvent-elles ſe payer d'un époux en peinture? C'eſt un prodige d'en voir qui n'aiment qu'un ſeul homme.

O quantum eſt uni poſſe placere viro!

D'ailleurs, les eſprits folets tourmentent ordinairement les veuves: mille démons les aſſiègent pendant la nuit: rien n'eſt ſi triſte, & voilà bien des raiſons pour excuſer le choix d'un nouvel époux. C'eſt ce malheureux veuvage qui faiſoit dire à Déjanire dans Ovide:

Vir mihi ſemper abeſt & conjuge notior hoſpes;

& quand ils furent proche des potences, ils leverent par hasard les yeux dessus & reconnurent sur l'une le visage de leur ami. Il avoit été si bien embaumé, que ses traits étoient encore fort remarquables. La peur saisit ces deux hommes, de manière qu'au lieu d'aller jusqu'au sépulcre pour s'assurer de la vérité, ils coururent tout effrayés à Ephèse pour y faire le récit de ce qu'ils venoient de voir. La nouvelle s'en répandit aussi-tôt : le peuple accourut de toutes parts pour jouir d'un spectacle si extraordinaire, & chacun disoit avec étonnement : comment se peut-il faire qu'un mort soit sorti du cercueil pour aller au gibet ?

Pétrone ne nous a point laissé par écrit les suites de cette histoire. Mais en voilà sans doute assez pour faire connoî-

---

Monstraque, terribiles persequiturque feras.
Ipsa domo vidua votis operosa pudicis
Torqueor. . . . .

tre jusqu'où les femmes portent la fausseté, l'inconséquence & l'artifice. Ce n'est pas le seul exemple que nous ayons en ce genre, & les Annales de la Chine nous en fournissent un à-peu-près semblable qui mérite d'être connu.

Fin de la première Partie.

www.ingramcontent.com/pod-product-compliance
Lightning Source LLC
LaVergne TN
LVHW050221180726
843501LV00013BA/2192
* 9 7 8 2 3 2 9 6 5 5 6 8 0 *